나 자신으로부터 휴가 떠나기

나 자신으로부터 휴가 떠나기

펴낸날 | 초판1쇄 2019년 10월 2일
글 | 연화 이미애 • 그림 | 온기
기획 | 박한진
편집 · 디자인 | 박기주
펴낸이 | 박기주
펴낸곳 | 다크아트
주소 | 인천 중구 하늘별빛로 111
Tel | 010-4178-9007
Fax | 0303-3446-9075
Homepage | http://www.darkart.co.kr
Email | darkartpublication@gmail.com

이 책은 저작권법에 따라 보호받는 독창적인 저작물이므로 무단전재와 무단복제를 일체 금하며, 이 책의 내용 전부 또는 일부를 이용하려면 반드시 저작권자와 다크아트의 서면 동의를 받아야 합니다.

● 잘못 만들어진 책은 서점에서 교환해 드립니다.

ISBN 979-11-88308-24-8 (02190)

값 22,000원

이 도서의 국립중앙도서관 출판예정도서목록(CIP)은 서지정보유통지원시스템 홈페이지(http://seoji.nl.go.kr)와 국가자료공동목록시스템(http://www.nl.go.kr/kolisnet)에서 이용하실 수 있습니다. (CIP제어번호 : CIP2019036345)

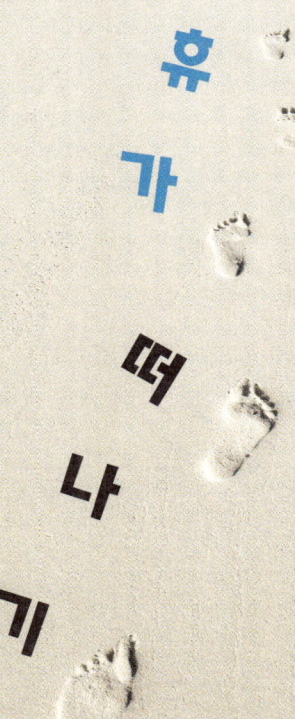

나 자신으로부터 휴가 떠나기

살아서나 죽어서나 당신의 유일한 위로는 무엇입니까?

내가 나 자신의 것이 아니라, 사나 죽으나 몸과 영혼이 오직 나의 신실하신 구주 예수 그리스도의 것입니다. 그리스도께서는 그의 보혈로 나의 모든 죗값을 완전히 치르고 나를 마귀의 모든 권세에서 자유하게 하셨습니다.

또한 하늘에 계신 나의 아버지의 뜻이 아니면 머리털 하나도 땅에 떨어지지 않도록 나를 보호하시며 참으로 모든 것이 협력하여 나의 구원을 이루도록 하십니다. 내가 주의 것이기에 주께서 성령으로 말미암아 영원한 생명을 보증하시고 나의 온 마음을 다하여 기꺼이 주를 위하여 살게 하십니다. 이것이 나의 유일한 위로입니다.

- 하이델베르크 교리문답 제1문

차 례

서문 ····················· 9

1. 관상이란 뭐지? ··············· 19
2. 영혼의 성 ················· 39
3. 정화 ···················· 59
4. 조명 ···················· 91

5. 일치 ················· 103

6. 마음챙김에서 향심기도로 ············· 119

7. 우리에게 영성이란 무엇일까? ········ 129

8. 환영하고 초대하기 ····················· 141

결어 ·· 155

전구 기도 성인 리스트 ···················· 192

서문

지금 이 순간 가장 원하는 것이 무엇인가요? 만일 당장 쉬고 싶다거나 조금은 게으름 피우는 인생을 살고 싶다면 이 책이 도움이 될 수 있을 것입니다. 수많은 자기계발 서적들이 지금 이대로 있으면 안 된다고 자꾸 무엇인가를 하라고 합니다. 그리고 그렇게 하지 않으면 무언가 뒤처질 것 같은 두려움에 그냥 편하게 지낼 수 있는 시간을 줄이고 노력해야 한다고 자신을 다그치게 됩니다. 그런데 과연 그런 삶이 옳은 삶일까요? 그것이 옳다면 왜 우리는 조금도 행복해지지 못하는 것일까요?

나 자신으로부터 휴가 떠나기

자, 그러면 이번에는 그런 마음을 잠시 내려놓고 더 나아져야 한다는 자신으로부터 휴가를 떠나 보는 것은 어떨까요? 숨을 한번 들여 마셔 보세요. 그리고 천천히 내쉬면서 나로부터 잠시 떠나 보겠다는 마음을 가져 보는 것입니다. '무언가 해야만 해!' 아니면 '이렇게 되어야만 해!' 이런 식으로 무언가를 열심히 노력해야 한다는 말을 하면서 내게 불안감을 일으키는 그 목소리로부터 잠시 떠나보는 것입니다. 이렇게 나의 내면으로 관심을 돌리고 내가 지금 느끼고 있는 것들을 알아차린 후에 그러한 체험들과 거기에 대한 내 생각들을 그냥 놓아두고 반응하기를 멈추는 것입니다.

나 자신으로부터 휴가 떠나기

그러면 놀랍게도 높은 곳에서 나를 태우고 영혼의 성으로 떠날 커다란 유람선이 도착할 것입니다. 지금부터 이야기할 것은 '관상'이라고 불리는 2000년 전에 시작된 그리스도교의 영성에 대한 것입니다. 그리스도교를 믿지 않아도 충분히 이 영성과 신비에 초대를 받을 수 있으니 굳이 종교는 생각하지 않으셔도 됩니다. 마음챙김이라는 명상법이 본래 불교에서 나왔지만 불교를 믿건 믿지 않건 누구나 그 혜택을 받을 수 있는 것처럼 관상이라는 영성과 신비도 종교와 무관하게 누구나 함께 걸을 수 있는 길이랍니다.

나 자신으로부터 휴가 떠나기

이러한 신비로운 영성의 길은 우리를 위로하고 편히 쉴 수 있게 해줍니다. 그리고 이 세상을 살아가는 것에 힘을 주지 않고도 순하고 선하게 임하게 해준답니다. 늘 모자란 우리들에게 쓰담쓰담과 토닥토닥을 해주시는 하나님을 만나는 길이 될 거예요. 여기서는 하나님이라고 했지만 하느님이라고 하시거나 그냥 신이라고 생각하셔도 됩니다. 만일 그것도 불편하시면 모든 것을 초월해 계신 분이라고 여겨도 괜찮습니다. 물론 정통 신학에 비추어서는 그래선 안 되겠지만 지금 우리는 하나님께서 열어놓아 주신 길을 되짚어가려 하는 것이니 편하게 생각하고 시작해 보도록 해요.

그러면 우리 함께 신비로운 영성과 순한 삶을 사는 길인 관상의 길을 함께 걸어 볼까요?

1. 관상이란 뭐지?

관상이란 단어는 '테오리아'라는 서양 철학 용어에서 유래했어요. 테오리아는 인간이 가진 고유 기능이라고 말해집니다. 모든 생명들은 고유 기능이 있고 그들 모두는 각자 자기 자신의 고유 기능을 활용할 때 가장 행복합니다.

예를 들면, 새는 하늘을 나는 것이 고유 기능이며 땅 위를 걸을 때보다는 하늘을 날고 있을 때 더 행복하다는 것이지요. 그러므로 과거 그리스에 살던 철학자들은 인간의 경우 이치를 탐구하는 것이 고유 기능이며 이를 행할 때가 가장 행복하다고 했습니다.

정리하자면, 테오리아는 이치를 탐구하는 인간의 고유 기능이며 이를 행할 때 인간은 가장 행복합니다. 우리가 함께 이야기할 관상은 이렇게 이치를 탐구하는 것들 중에서 하나님을 탐구하는 것을 말합니다.

나 자신으로부터 휴가 떠나기

관상은 고유 기능이기에 저절로 일어나게 됩니다. 과거에는 선택받은 성자들만 이러한 관상의 은총을 하나님으로부터 받았다고 전해지고 있어요. 그래서 고요한 수도원에서 수도하는 분들 중에서도 그 신심과 선함이 지극한 분들만 경험이 가능한 것이었습니다. 그래서 참으로 어려운 길이라고 알려져 왔어요.

1. 관상이란 뭐지?

나 자신으로부터 휴가 떠나기

그런데 그리스도교 전통에서 성장한 많은 청년들이 불교나 요가와 같은 동양의 명상에서 영성을 찾는 것을 보신 토마스 키팅 신부님께서 수도원에 꼭꼭 감추어져 있었던 관상을 세상에 공개했습니다. 그리고 관상이란 '자신으로부터 휴가를 떠나는 것'이라고 말씀을 하셨어요. 보고 듣고 느끼고 생각하고 판단하는 자기 자신으로부터 휴가를 떠나 하나님의 품 안에서 편히 쉬는 것이 관상이에요.

나 자신으로부터 휴가 떠나기

다시 이야기하지만, 관상은 고유 기능이기에 이렇게 나 자신의 정신 활동을 멈추고 내면을 향해 관심을 두기만 하면 저절로 이루어진답니다. 높은 곳에서 물건을 떨어뜨리면 저절로 아래로 떨어지듯이 내면을 향한 관심은 저절로 높은 곳으로 우리를 이끌어가게 되며 이것이 관상이라는 신비로운 영성이에요.

나 자신으로부터 휴가 떠나기

관상은 과거에 동서교회가 서로 나뉘어지기 전에 사막의 교부들에 의해서 시작이 되었어요. 그리고 이 전통은 후에 동서교회가 나뉘어진 후 동방교회(정교회)에서는 헤시카즘(침묵의 수행)이라는 명칭으로 전해지게 되었고, 서방교회(가톨릭)에서는 신비신학으로 전해졌어요. 신비란 계시라고도 하는데 베일 너머의 하나님께서 잠시 베일을 거두어서 자신의 모습을 사람들에게 보여주는 것이라고 합니다. 그러므로 신비로운 영성이란 하나님께서 베일을 거두어서 사람들의 영혼이 자신을 만날 수 있도록 해주는 것이랍니다.

나 자신으로부터 휴가 떠나기

그리스도교에서의 하나님께서는 세 가지 다른 위격이시면서 동시에 신성한 일체라고 합니다. 물론 관상을 시작함에 있어서 이러한 것은 몰라도 전혀 상관이 없어요. 하지만 배경지식을 조금 알아 두는 것도 좋을 것 같아서 간략하게 소개를 합니다. 위격이란 사람들 한 사람 한 사람에게 그 사람만의 특징인 인격이 있는 것처럼 하나님께도 이렇게 세 가지 다른 특징이 있다는 의미예요. 다만 하나님의 경우 인격이 아니라 위격이라고 말할 뿐입니다. 동방교회 헤시카즘에서의 성부 하나님은 신성한 본질과 함께 계시고 성부 하나님으로부터 성자 하나님의 위격이 신성한 본질에서 떠나 인간에게 오셨다고 믿고 있어요. 그리고 성령 하나님의 위격이 그 이후에 사람들에게 오셔서 사람들의 내면에 계시기에 우리는 관상으로 하나님을 만날 수 있는 것이지요.

이렇게 성자 하나님이 예수님이라는 사람으로 오시는 신비를 원성사라고 해요. 근원이 되는 성스러운 신비라는 의미랍니다. 우리는 자신으로부터 휴가를 떠나서 영혼의 성에 이르러서는 예수님께서 보여주신 신이 인간이 되는 길을 통해서 인간이 신에게 나아가는 신비를 경험하게 될 거예요.

나 자신으로부터 휴가 떠나기

한 가지 주의할 점은 관상이란 예수님의 통찰이나 깨달음을 배우는 것이 아니에요. 이렇게 하는 것은 오히려 자신으로부터 휴가를 떠나는 것이 아니라 자신에게로 근무를 하러 가는 것이 되기 쉽답니다. 그러므로 관상은 그저 가벼운 마음으로 예수님께서 오신 길을 통해서 평화롭고 순한 삶을 살기 위해 유람선을 타고 하늘로 오른다는 기분으로 하는 것이랍니다.

2. 영혼의 성

자신으로부터 휴가를 떠나서 도달하는 곳은 영혼의 성이라는 특급 호텔이에요. 영혼의 성은 아빌라의 성녀 데레사께서 밝힌 관상의 단계입니다. 관상은 테크닉이 아니므로 이러한 과정에 저절로 드는 것이지 관상을 하기 위한 테크닉이 영혼의 성은 아닙니다. 한가롭게 호캉스를 즐기기 위해서 영혼의 성이라는 특급 호텔을 예약하기 위한 안내 책자를 보는 기분으로 가볍게 읽어 두시면 되는 내용입니다.

나 자신으로부터 휴가 떠나기

영혼의 성은 총 7개의 궁방으로 이루어져 있습니다. 궁방들은 밖에서 중심을 향해 이루어져 있어요. 그러면 우리가 쉴 곳이 어떤 곳인지 함께 투어를 해보도록 할까요?

나 자신으로부터 휴가 떠나기

제1궁방은 삼덕(믿음, 소망, 사랑)중 신덕(믿음)의 궁방입니다. 지금 현재 나 자신이 무엇을 느끼는지 무엇을 하고 있는지 무슨 가치관을 가졌는지를 알게 되는 단계로써 외부로 향했던 관심이 내면으로 되돌아오는 것입니다. 큰 벌레들과 독충들이 있어요. 많은 경우 살면서 힘이 들 때 믿음으로 구송 기도를 하며 들어오는 곳이 됩니다. 외부의 문제에서 자신의 한계를 경험하고 내면으로 돌아와서 하나님께 기도를 드리는 것이지요.

나 자신으로부터 휴가 떠나기

제2궁방은 망덕(소망)의 궁방입니다. 기도가 이루어지거나 성경의 말씀들이 납득이 되거나 무언가 삶에 대한 통찰이 느껴지면서 신앙의 길에 들어서게 되지만 아직 많은 부분 망설임과 혼란 속에 있는 상황입니다. 이 궁방에는 아직 작은 벌레들과 독충들이 남아서 마음속에 영적인 갈등을 일으키는 상황이에요. 정신적인 추리와 추론을 통해서 머리로 하나님의 존재를 납득해 가는 과정입니다.

나 자신으로부터 휴가 떠나기

제3궁방은 애덕(사랑)의 궁방입니다. 이제 하나님의 사랑을 체험하고 느끼게 된답니다. 그래서 좀 더 하나님께 가까이 가고자 하는 마음이 드는 곳이지요. 하나님의 빛이 비추어지는 방이 이곳입니다. 고요함 속에서 지극한 사랑을 느끼면서 마음속에 평화로움과 잔잔한 기쁨이 가득하게 되는 멋진 순간입니다.

나 자신으로부터 휴가 떠나기

제4궁방은 겸손의 궁방입니다. 보통 '영혼의 어둔 밤'이라고도 말해지는 단계입니다. 지금까지 내가 믿고 있는 하나님에 대한 관념들이 떨어져 나가는 과정이 됩니다. 그렇기에 어떤 이들에게는 정말로 고통스러운 상황이 되고 어떤 이들에게는 정말로 자유로움을 느끼는 경험이 됩니다. 이 단계를 자기 자신으로부터 스스로를 거두어들인다는 거둠의 기도라고도 합니다. 모든 것이 사라진 고요한 어둠 속에 머물게 됩니다.

제5궁방은 맞선의 궁방입니다. 겸손의 궁방을 거쳐서 드디어 고유 능력인 관상이 하나님을 향하기 시작합니다. 많은 경우 주부(하나님께서 주도하시는 것)적 관상의 시작이라고 해서 하나님의 은총으로 이루어지는 단계라고 알려져 있어요. 하지만 성공회의 여성 사제이신 신시아 부조 사제님은 수득(노력으로 성취된 관상)과 주부의 구분은 의미가 없다고 말씀하십니다. 본래 있었던 하나님의 은총이 저절로 발견되는 것이지 이 단계에서 그동안 없었던 은총이 새롭게 나타나는 것이 아니라는 의미입니다.

제6궁방은 약혼의 궁방입니다. 이제 신랑의 예물인 신비로운 경험을 받게 됩니다. 대개 탈혼과 환상을 통해서 주어지는 신비를 체험하게 됩니다. 여기에 이르면 신비로운 현상들이 끊임없이 나타나고 세상 모든 곳에서 하나님과 만나게 된답니다. 제게 엔젤 테라피와 미디엄쉽(영매술)을 가르쳐주신 미국의 도린 버츄 박사님도 성공회의 예배 중에 예수님의 모습을 보는 환시를 체험하시고는 회심해서 그리스도인이 되셨습니다.

나 자신으로부터 휴가 떠나기

제7궁방은 결혼의 궁방입니다. 동방교회에서는 이를 테오시스(신화)라고 해요. 신화는 인간이 하나님이 된다는 의미는 아니고 인간이 하나님을 향한다는 의미랍니다.

> "그는 근본 하나님의 본체시나 하나님과 동등 됨을 취할 것으로 여기지 아니하시고 오히려 자기를 비워 종의 형체를 가지사 사람들과 같이 되셨고 사람의 모양으로 나타나사 자기를 낮추시고 죽기까지 복종하셨으니 곧 십자가에 죽으심이라."
>
> - 빌립보서 2장 6절에서 8절

위의 말씀에서 하나님께서 자신의 신성함을 비우시고 인간이 되셨듯이 인간이 자신의 인간됨을 비워서 하나님께로 향하는 것을 동방교회 헤시카즘에서는 테오시스라고 합니다. 테오리아(관상)를 통해서 테오시스(신화)에 이르는 길이 초대 교회에 전승되던 신비적 영성이었어요.

2. 영혼의 성

나 자신으로부터 휴가 떠나기

이렇게 외부로 향하던 마음을 내면으로 돌리면 자연스럽게 관상이 이루어집니다. 저절로 정화가 되고 하나님의 빛으로 조명을 받고 하나님의 뜻과 일치를 해가는 과정이 관상적인 삶입니다. 정화와 조명과 일치는 위 디오니시우스의 신비신학으로 서방교회에 전해지는 관상의 지침이 됩니다. 그러면 이제 구체적으로 정화와 조명과 일치를 얻는 방법을 살펴보도록 하지요.

3. 정화

정화는 신비신학의 첫 단계입니다. 영혼의 성에서 첫 번째에서 세 번째까지의 궁방이 정화 단계가 됩니다.

정화로 유명한 방법들 중에는 하와이의 호오포노포노가 있습니다. 호오포노포노는 하와이 민속 신앙으로 전해오는 정화 방법인데 하와이는 과거에 하와이 왕국 당시부터 대부분의 사람들이 성공회 신자였습니다. 그렇기에 호오포노포노는 하와이에 전해오던 전통이 성공회 그리스도교를 만나서 구성이 된 것입니다. 그래서 호오포노포노 기도문에는 "예수 그리스도의 이름으로 기도드렸습니다."라는 문구가 나오기도 한답니다.

현대 호오포노포노는 모르나 여사에 의해서 유명해졌으며 휴렌 박사와 KR 여사를 통해서 전 세계로 알려지게 되었습니다. 휴렌 박사의 호오포노포노는 "미안합니다. 용서해주세요. 고맙습니다. 사랑합니다."라는 문구를 외우는 방법입니다. 휴렌 박사에게 호오포노포노를 배운 마벨 카츠 여사는 "~를 경험하게 하는 내 안의 모든 것들을 용서해 주세요."라는 기도문으로 바꾸었습니다. 만일 현재 시험을 앞두고 마음이 불안하다면 "시험을 앞두고 불안한 마음을 경험하게 하는 내 안의 모든 것들을 용서해 주세요."라고 내면을 정화하는 것이지요.

나 자신으로부터 휴가 떠나기

마벨 카츠 여사의 이 기도는 임은묵 박사님의 전가 기도법과 비슷합니다. 죄를 지은 아담은 하와에게로 하와는 뱀에게로 죄를 전가했습니다. 하지만 뱀은 더 이상 전가를 할 곳이 없었습니다. 그래서 아담과 하와와 뱀은 사라지지 않는 죄를 가지게 되었습니다. 하지만 예수님께서 세상에 오셔서 십자가에서 죽으심으로 그 죄를 대속을 하셨기에 그리스도인들은 예수님께 죄를 전가하고 그 죄는 예수님의 대속으로 사라지게 되는 것입니다.

그래서 우리는 다음과 같이 기도를 할 수 있습니다. "예수님께서 나의 죄를 대속하셨으므로 ~를 예수님께 전가합니다." 위의 예라면 "예수님께서 나의 죄를 대속하셨으므로 시험을 앞두고 불안해진 마음을 예수님께 전가합니다."라고 기도를 할 수 있겠지요.

나 자신으로부터 휴가 떠나기

보통 좋지 않은 죄는 악마로부터 온다고 말해집니다. 대표적인 악마가 아담과 하와를 유혹해서 원죄를 짓게 한 뱀이고요. 하지만 보통 악마라고 한가지로 이야기되는 마귀(데빌)와 귀신(데몬)은 다른 존재입니다. 마귀는 사람의 마음의 틈을 파고들어서 오염을 시키는 존재이고 귀신은 그로 인해 발생하는 증상입니다. 마귀가 원인이고 귀신이 결과인 것이지요. 예를 들면, 신의 존재를 의심하게 만드는 것은 마귀가 하는 시험이고 그로 인해서 병이 들거나 사랑하는 사람에게 난폭한 행동을 하거나 알코올 중독과 같은 증상을 일으키는 것이 귀신이 하는 일이 됩니다.

나 자신으로부터 휴가 떠나기

본래 마귀를 뜻하는 사탄이라는 단어는 구약에서는 주로 인간을 감시하고 잘못을 고발하는 존재였습니다. 그렇지만 점점 인간을 미혹해서 죄를 짓게 만드는 존재가 되었습니다. 사탄은 주로 우리에게 무언가를 해야 한다고 하고 그렇게 하지 않으면 안된다고 해서 우리가 우리 자신 속에 매몰되도록 만들어 버립니다. 우리가 우리에게 매몰되는 것이 우상을 숭배한다는 것입니다. 그런 의미에서 마벨 가츠 여사의 호오포노포노 정화 기도나 임은묵 박사님의 전가 기도는 죄를 씻어내는 정화로서 정말 중요합니다.

나 자신으로부터 휴가 떠나기

그리고 복음 서적 작가 맥스 루케이도의 포켓 기도는 제가 정말로 좋아하는 기도입니다. 특별히 정화 대상을 찾지 못했을 경우에 이 기도를 합니다. "아버지, 좋으신 아버지, 저를 도와주세요. 그들을 도와주세요. 감사합니다." 잠시 눈을 감고 이 기도문을 올리는 것만으로도 마음이 맑아집니다.

나 자신으로부터 휴가 떠나기

그리고 정화의 단계는 영혼의 성에서는 구송기도로 시작을 한다고 합니다. 구송기도란 말로써 하는 기도인데 많은 경우 아직 우리들은 여러 가지 현실적인 문제들이 있어서 쉽게 휴가를 떠날 수 없어요. 그래서 기도를 해야 하는데 어떻게 기도를 해야 할지 막연한 경우가 많이 있습니다. 게다가 저의 경우 하나님께서 저를 사랑해주시는 것을 아는데도 어느 날인가는 그냥 막무가내로 땡강을 부리기도 합니다. 그런데 이러한 땡강 기도를 올려도 된다는 것을 이윤영 목사님의 【이런 기도 해도 됩니다】를 통해서 알게 되었습니다. 간단하게 소개하면 다음과 같습니다. 그리고 자세히는 생명의 말씀사에서 출간된 【이런 기도 해도 됩니다】를 참조하세요.

1) 자격 없는 제가 기도해도 되나요?

뻔뻔하게 자기 소원을 구한 므낫세를 보라!

기도 응답은 우리의 어떠함과 상관없는 전적인 하나님의 은혜이다.
간절함과 겸손함으로 솔직히 구할 때 하나님은 선으로 응답하신다.

역대하 33장 읽기

2) 하나님께 복을 구해도 되나요?

자기 유익만 따진 이기적인 야곱을 보라!

우리의 모습이 여전히 형편없어도 하나님의 약속을 붙들고 그분만을 찾고 바랄 때 신실하신 하나님은 은혜로 응답하신다.

창세기 25~35장 읽기

3) 하나님께 따져도 되나요?

부정적인 감정까지 다 쏟아낸 하박국을 보라!

아버지 되시는 하나님은 자녀의 부정적인 감정까지 자비로 받아주신다.
숨김없이 솔직한 감정으로 나아가면 우리의 상한 마음을 회복하고 응답해 주신다.

하박국 1~3장 읽기

4) 순종하기 싫다고 해도 되나요?

끝까지 고집부린 요나를 보라!

예수 그리스도를 통해 하나님의 자녀가 된 우리는 하나님과 친근한 관계를 누릴 자격이 있다.
신뢰와 친밀함을 바탕으로 친근하게 하나님께 나아가자.

요나 1~4장 읽기

5) 감당할 수 없는 일을 만나 두려울 때

하나님부터 바라본 여호사밧을 보라!

믿음의 사람도 갑작스러운 고난을 당한다.
두려움을 숨기지 말고 가장 먼저 하나님을 바라보자.
우리 방법으로 기대할 수 없는 복으로 응답하신다.

역대하 20장 읽기

6) 기도의 응답이 늦어져 지칠 때

하나님의 신실하신 응답으로 재건된 성전을 보라! 우리가 좌절하여 기도의 소망을 잃고 기도를 잊을 때에도 하나님은 홀로 기억하시고 우리의 기도가 이루어지기까지 쉬지 않고 일하신다.

에스라 1~6장 읽기

7) 겉도는 기도만 하게 되어 무력해질 때

기도한 후 성실히 자기 일을 한 느헤미야를 보라!

먼저 기도하여 문제를 하나님의 일로 바꾸고 자신의 자리에서 성실히 할 일을 하자.
그러나 기도의 응답은 오로지 하나님의 은혜임을 철저히 인식하자.

느헤미야 1~6장 읽기

8) 절대로 기도를 멈추지 말아야 하는 이유

불순종을 위해 기도했던 발람을 보라!

경건의 모습으로 위장한 불순종의 기도를 조심하자.
그러나 기도의 단절은 더더욱 조심하자.
하나님과의 친밀한 관계를 유지하는 것이 가장 중요하다.

민수기 22~24장 읽기

9) 하나님의 거절에도 상처받지 말아야 하는 이유

다시 나아가 하나님의 계획을 바꾼 히스기야를 보라!

기도의 목적은 응답보다는 관계다.
기도가 거절당했다고 하나님과의 대화를 멈추지 말자.
우리가 자비에 호소할 때 하나님은 계획도 변경하신다.

열왕기하 20장 읽기

10) 끝까지 부어 주시는 하나님의 은혜

만족을 모르며 기도한 레아와 라헬을 보라!

하나님은 때로 우리의 생각과 다른 방식으로 응답하신다.
그러나 끝까지 은혜를 부으시며 기도의 진정한 만족은 그분을 알아가고 그분과 관계를 맺는 것임을 알게 하신다.

창세기 29~30장 읽기

그 외에도 가톨릭에서는 성인통공라고 수호성인께 특정 사안에 대해서 함께 기도해주시기를 간구할 수 있습니다. 부록으로 수호성인 리스트를 소개했으니 그 부분을 참조하세요. 그 외에도 수호성인은 다음의 사이트에서 검색을 할 수 있답니다.

https://catholicsaints.info/
http://maria.catholic.or.kr/sa_ho/saint.asp

3. 정화

나 자신으로부터 휴가 떠나기

해당되는 수호성인께 우리들을 위해서 기도를 해달라고 마음으로 부탁을 드리는 것은 오랜 전통으로 내려오고 있습니다. 그리고 그리스도교 전통 외에 다른 종교에서도 비슷한 방법들이 있고요. 하지만 만일 신학적인 이유로 이러한 기도를 받아들여지지 못할 경우에는 이 부분은 무시하세요. 무언가 불편하고 복잡한 일을 만드는 것은 관상이 아니니까요.

4. 조명

빛이 비추어진다는 조명은 네 번째 궁방에 해당합니다.

나 자신으로부터 휴가 떠나기

네 번째 궁방은 영혼의 어둔 밤인데 빛이 비추어진다는 것은 역설적으로 느껴집니다. 하지만 이러한 접근을 부정신학이라고 해요. 하나님의 절대성을 강조할수록 우리에게는 하나님의 속성이 멀어지고 아예 하나님의 존재가 느껴지지 않게 됩니다. 그래서 하나님의 침묵과 인간의 고독이라고 합니다. 하지만 바로 이 순간에 우리는 우리들 자신에게서 벗어날 수 있습니다. 그리고 이것은 우리의 능력이 아니라 하나님의 은총이기에 빛이 비추어진다고 한답니다.

나 자신으로부터 휴가 떠나기

그래서 이 과정에서 무아를 체험하는 불교의 마음챙김을 참조하는 경우가 많이 있습니다. 마음챙김은 본래 불교에서 나온 명상법이지만 현대에는 심리학 분야에서 연구가 되어 있습니다. 그래서 현대 마음챙김은 마음을 다스리는 훈련법이지 명상법이 아니라고도 합니다. 현대적인 관상 기도를 전하시는 토마스 머튼 신부님이나 관상에 이르는 향심 기도를 전하시는 토마스 키팅 신부님도 마음챙김이 관상 기도나 향심 기도에 도움이 된다고 여러 번 강조하셨습니다. 여기에서는 마음챙김의 방법들 중에서 가장 단순한 호흡챙김에 대한 부분을 위주로 설명하겠습니다. 마음챙김에 대한 더 많은 정보는 졸저【매력적인 사람이 되는 마음챙김 테크닉】을 참고해 주세요.

나 자신으로부터 휴가 떠나기

우선 편안한 자세로 앉도록 합니다. 그리고 숨을 들이마셨다가 내쉬면서 몸도 마음도 긴장을 풀도록 합니다. 특히 마음속에 무언가 힘을 주어 주먹을 꼭 쥐고 있는 것과 같다면 마음속의 긴장도 풀어내도록 합니다. 그리고는 코끝에서부터 숨이 들어오는 느낌을 느끼고 폐에 숨이 들어왔다가 숨이 나가는 과정을 지켜봅니다. 여기서 가장 중요한 점은 숨을 쉬기만 할 뿐 숨에 영향을 주지 않는 것입니다. 숨을 길게 쉬려 한다든지 깊이 쉬려 한다든지 이러한 것을 하지 않도록 스스로를 돌아보아야 합니다.

나 자신으로부터 휴가 떠나기

이렇게 숨을 쉬는 과정을 바라보면서 천천히 마음이 저절로 그쳐지도록 합니다. 외부로 나가던 마음을 내면으로 돌리고 내면의 여러 가지 생각들에서 숨을 쉬고 있는 나 자신으로 돌아오는 것이지요. 이렇게 다 놓아두고 안으로 안으로 되돌아오는 과정이 마음챙김이 됩니다.

나 자신으로부터 휴가 떠나기

한자경 교수님은 우리들의 마음을 위와 같이 표현하셨습니다. 우리들의 마음은 표면의식과 내면의식으로 나뉘어지고 내면의식의 깊은 곳은 모두의 마음이 하나의 마음으로 연결되어있다고 하신 것이지요. 신시아 부조 사제님은 이렇게 모두가 연결된 마음을 빛의 그물망으로 연결된 희망의 몸이라고 하셨습니다. 그리고 이러한 마음이 하나님의 은총을 받을 그릇이 된다고 하셨고요.

5. 일치

일치는 하나님께 드리는 순응을 통한 일치를 말합니다. 그리고 다섯 번째에서 일곱 번째 궁방에 해당하고요. 모두가 연결된 하나의 마음인 깊은 마음으로 가서 일어나는 모든 일들에 순응을 하는 것입니다. 토마스 키팅 신부님의 향심 기도를 신시아 부조 사제님은 이렇게 설명하십니다. 저절로 아래로 떨어지는 물건들처럼 우리의 영혼이 저절로 하늘로 오르는 것이 향심 기도라고요.

나 자신으로부터 휴가 떠나기

향심기도는 우리의 마음이 내면의 중심을 향하는 것입니다. 그러면 마음은 저절로 하나님께로 나아가게 됩니다. 이러한 느낌을 동방 교회에서는 에네르기아라고 해서 하나님의 활동으로 이야기합니다. 에네르기아는 삼위일체의 하나님은 아니지만 그 자체가 창조되지는 않은 활동력을 말합니다. 그리고 우리가 관상 중에 체험을 하게 되는 생명의 신비로운 힘이 됩니다.

향심 기도는 우선 한 가지 짧은 거룩한 의미를 지닌 단어를 정합니다. 이 단어는 만트라처럼 반복적으로 외우는 것이 아닙니다. 마음이 생각이나 감정이나 느낌에 휘말렸을 때 다시 내면에 계시는 성령 하나님을 향하도록 하는 기준점이 되는 것입니다. 그러므로 편하게 몸과 마음을 이완하고 고요하게 내면을 향하면서 거룩한 단어를 한번 마음속으로 말을 합니다.

5. 일치

예를 들면, '사랑'이라는 단어를 정했다면 처음에 내면으로 마음을 돌리고 조용히 "사랑"이라고 한번 말을 합니다. 그리고서 내면을 향해서 마음을 돌리고 고요하게 있습니다. 생각이나 감정이나 느낌이 나타나도 내버려 두고 마음속 깊은 곳을 향합니다. 그러다가 정신이 생각이나 감정이나 느낌에 휘말리면 다시 '사랑'이라는 단어를 한번 말해서 정신을 차리고 내면을 향하도록 하는 것입니다.

향심 기도를 마치고 잡념이 100번도 더 들어서 힘들었다는 수녀님께 토마스 키팅 신부님은 축하할 일이라고 답을 했습니다. 의아하게 바라보는 수녀님께 신부님께서는 하나님을 만날 수 있는 기회를 100번이나 얻은 것이니 축하할 일이 아니냐고 하셨습니다.

그러므로 그렇게 편한 마음으로 내면의 하나님을 향해 마음을 두는 것이 향심기도입니다.

신시아 부조 사제님은 깊은 관상에 들어간 많은 수사들이 숨을 들이마실 때 태양신경총에서 심장으로 에너르기아의 상승을 경험한다고 말씀하십니다. 저도 종종 그런 느낌을 받고는 합니다.

나 자신으로부터 휴가 떠나기

그리고 신기한 것은 제가 미국에서 배운 적이 있는 크라이스트 크리야라는 명상법도 비슷한 체험을 이야기하는 것입니다. 다만 크라이스트 크리야처럼 호흡과 의념을 조작하는 것보다는 저절로 영혼이 하나님의 은총을 받아서 상승을 하는 것이 바른길이라고 여깁니다.

5. 일치

이제 하나님과 만나는 신비로운 영성의 길에 오신 것을 환영합니다. 여기까지 소개한 모든 것들은 꼭 이렇게 해야 한다는 것이 아니고 단지 수많은 방법들 중에서 한 가지 예제에 불과합니다. 나의 경험이나 생각 등으로부터 멀어져서 고요하게 내면에서 멈추어 있다면 어느 순간 저절로 신비로운 영성을 향해 나아가고 있는 자기 자신을 만나게 될 거예요. 그리고 그렇게 하나님을 만나고 나면 이 세상에서 내가 있어야 할 곳을 찾아서 바르고 순한 인생이 펼쳐질 것입니다.

6. 마음챙김에서 향심기도로

【매력적인 사람이 되는 마음챙김 테크닉】에서 현대 마음챙김은 명상법이 아니라고 했습니다. 그렇다면 명상법으로의 마음챙김은 무엇일까요? 이 부분에 대해서 현재 사띠라는 단어 자체에 대한 여러 가지 다른 견해들이 불교계통에서 있습니다. 제게 마음챙김을 알려주신 정명스님은 사띠를 한자 번역인 념(念)으로 말씀하시고 이 단어의 의미는 '기억을 되살리다'라는 것이라고 하십니다. 그렇기에 마음챙김이란 사띠가 아니라 삼빠자나의 번역어라고 가르쳐 주셨습니다.

기억을 되살린다는 것은 연기법을 다시 기억을 한다는 의미입니다. 초선정은 각심, 관심, 희심, 락심, 일심으로 이루어져 있습니다. 이때 각심은 위따까라고 하고 관심은 위짜라라고 합니다. 위따까는 일어난 체험과 생각을 말하고 위짜라는 지속적인 통찰을 의미합니다. 마지막으로 평정심이라고 하는 자율적 평형 기능이 우뻬까입니다. 그렇기에 불교명상은 다음과 같이 진행이 된다고 해요.

  위따까 - 삼빠자나 - 사띠 - 위짜라 - 우뻬까

무엇인가 체험이나 생각이 일어나면 그를 명료하게 깨어 있는 의식으로 알아차려서 챙기고, 부처님의 진리인 연기법을 기억해내서 현재의 체험이나 생각을 연기법에 비추어 통찰을 해서 놓아줍니다. 그렇게되면 평정심에 들게 되는데 이 과정을 통해서 행온(업력)을 멈추는 것이 불교수행인 것이지요.

나 자신으로부터 휴가 떠나기

선한 의도와 악한 의도를 부처님께서는 이렇게 구분하셨습니다. 선한 의도는 내려놓는 의도, 악의 없는 의도, 해치지 않는 의도입니다. 그리고 악한 의도는 이익과 손해에 대한 의도, 명예와 불명예에 대한 의도, 칭찬과 비난에 대한 의도, 괴로움과 즐거움에 대한 의도이구요. 이렇게 내 마음에서 일어나는 것을 삼빠자나로 명료하게 알아차리면 내려놓는 선한 의도를 사용해서 평정심을 회복하는 것이 불교 명상이에요.

향심기도 역시 마찬가지예요. 우선 무언가가 떠오르거나 체험이 되면 이를 명료하게 이해하고 하나님의 약속을 기억해내서 마음을 나 자신으로부터 놓아주면 테오리아가 나를 하나님께로 인도해주는 것이지요. 그렇기에 마음챙김으로 삼빠자나의 힘을 기르면 향심기도를 할 때에도 내 마음이 나 자신에 묶여서 헤매고 있는 것을 명료하게 알아챌 수 있는 것입니다. 그러면 거룩한 단어로 돌아가서 하나님의 약속을 기억해낼 수 있어요.

7. 우리에게 영성이란 무엇일까?

그리스도교에서 영성을 말하는 것은 합당하지 않다고 하시는 목사님들이 계십니다. 그분들 말씀도 일리가 있어요. 그리스도인은 영성보다는 경건함을 기반으로 신앙을 키워가는 사람들이니까요. 하지만 더 이상 교회에 있기가 힘이 들어서 교회에서 벗어난 가나안(교회에 가지 않는 그리스도인) 성도들이 어느 날 신비로운 영성을 통해서 교회로 돌아오는 경우가 참으로 많은 것도 사실입니다. 저 역시도 그러한 길을 통해서 다시 영혼의 고향인 교회로 돌아가는 길을 걷기 시작했고요. 아직은 완전히 고향에 도달하지는 못했지만 어느 날인가 다시 돌아갈 수 있으리라 여깁니다.

나 자신으로부터 휴가 떠나기

교회를 떠나고 종교를 벗어났지만 많은 사람들이 영성의 길을 찾고 있습니다. 이 책에서는 가능하면 신학적인 부분은 다루지 않고 있어요. 단지 사도신경을 신조로 하면 그리스도인이고 이신칭의도 함께 신조로 한다면 그리스도인들 중에서 개신교인이라고 여기고 있습니다. 그리고 관상을 통한 신비로운 영성의 길에는 그리스도인인지 아닌지도 중요하지 않다고 여겨요. 신비로운 영성은 누구에게나 열려 있는 것이니까요.

나 자신으로부터 휴가 떠나기

우리는 매 순간 우리 스스로가 우리들 자신을 착취하는 것에 너무 익숙해져 있어요. 그런데 이러한 일들이 과연 우리들이 좋아서 선택한 것일까요? 혹시 마귀라든지 귀신이라는 존재가 우리 마음속에 의심과 불안을 불어 넣어서 우리의 약한 마음이 우리를 독하게 지배하고 있게 되는 것은 아닐까요? 너무 미신 같나요? 그럴지 몰라요. 하지만 지금 우리가 우리들 자신으로 인해서 힘이 든 것은 사실이에요. 그래서 거기에서 벗어나는 길을 함께 걸었으면 한답니다.

나 자신으로부터 휴가 떠나기

잠시 눈을 감고 숨을 들이마시고는 숨을 내쉬면서 눈을 뜨고 "이야! 참 아름답다!"라고 말을 할 수는 없는 것일까요? 무언가 영성의 길이라든지 신비로운 길이라든지 이러한 길을 가는 것을 원해도 그만큼 해야 하는 일들이 늘어나는 것도 역시나 마귀나 귀신이 그렇게 하는 것이 아닐까요? 그러므로 여기에 소개한 것들은 열심히 수행해야 하는 것은 아니에요. 모든 일은 저절로 일어나게 된답니다.

나 자신으로부터 휴가 떠나기

마음을 내면으로 향하고 기다리세요. 모든 것들이 지나가도록 상대를 하지 말고 멈추어 있으면 됩니다. 단 1분 만이라도 말이지요. 그것으로도 충분해요. 신비로운 영성이란 무언가 내가 하지 않는 것이랍니다. 본래 내가 가진 고유 기능인 테오리아가 나를 정화해주고 밝게 조명을 비추어주고 저 너머의 큰 뜻과 일치를 하게 해줄 것입니다. 그러므로 믿고 맡기세요.

나 자신으로부터 휴가 떠나기

때때로 선하고 신앙심이 깊은 분이 불의의 사고를 당하시면 우리는 정말 하나님이 계신가 의심을 하게 됩니다. 하지만 하나님께서는 이 세상을 우리에게 맡기셨습니다. 이를 문화책임 또는 문화위임이라고 해요. 우리는 두 가지 다른 선물을 받았습니다. 하나는 달란트(재능)라는 선물로 이것은 우리가 선천적으로 받고 태어난 것입니다. 그리고 다른 하나는 은사(신비)라고 하는 것으로 우리와 무관하게 하나님이 베풀어주시는 선물이 있고요. 그리고 우리가 우리에게 주어진 재능으로 우리가 사는 세상을 밝히는 것이 우리에게 주어진 문화책임입니다. 그래서 만일 그러한 사고가 있었다면 우리는 우리가 자신의 위치에서 문화책임을 다하지 못했음을 반성하고 기도를 드려야 합니다. 우리 모두가 우리 스스로의 자리에서 삶을 올바르게 이끌어 간다면 그 혜택을 우리 모두가 나눌 것입니다.

8. 환영하고 초대하기

마지막으로 환영의 기도와 초대의 기도를 이야기 할께요. 저도 참으로 좋아하는 기도랍니다. 환영의 기도는 우리가 경험하는 모든 것들 안에 있는 하나님의 활동인 에네르기아를 환영하는 마음을 갖는 것이랍니다. 초대의 기도 역시 마찬가지고요.

나 자신으로부터 휴가 떠나기

만일 종소리가 들리면 종소리를 내 마음속에 초대하고 그 소리를 환영하는 것이랍니다. 그 어떤 것과도 싸우지 말고 그저 순하게 그를 맞이 하는 거예요. 물론 나를 힘들게 하는 일들도 많이 일어납니다. 하지만 그들과 싸우지 않으면 그들은 저절로 나를 스쳐 지나가게 된답니다.

환영의 기도를 하던 신시아 부조 사제님은 어느 날 자신의 기도가 이루어졌음을 알고 기뻐합니다. 그런데 그때 마음속에 하나님의 음성이 들렸다고 해요. "지금 자축의 샴페인을 터뜨리는 것과 내가 너와 함께 있음을 느끼는 것 중에서 무엇을 하고 싶으냐?"라는 음성이었어요. 우리가 기도를 하고 그것이 이루어질 때 우리는 기뻐합니다. 그것도 좋은 일일 거예요. 하지만 그런 기적이 일어나는 것은 바로 하나님께서 우리와 함께하신다는 신비이기도 합니다.

나 자신으로부터 휴가 떠나기

어느 날 우연히 시계를 보았더니 오후 3시 33분이었어요. 밖으로 나왔는데 고양이 세 마리가 노닐고 있었습니다. 하늘을 보았더니 구름이 천천히 3개의 조각으로 갈라지고 있었어요! 그러면 어떨까요? 우리는 두 가지 중 하나를 하게 됩니다. 하나는 우연의 일치라고 여기는 것이에요. 그리고 다른 하나는 이러한 일들이 무엇의 징조가 아닌가 해서 그 의미를 궁금하게 여깁니다. 하지만 실제로는 단지 하나님께서 "애야, 나는 늘 너와 함께 있단다."라는 말씀을 해주시는 신비(베일을 열어서 모습을 보여주심)일 뿐입니다.

나 자신으로부터 휴가 떠나기

이렇게 신비 속을 살아가게 되면 유해한 평화라는 것에서 벗어날 수 있어요. 유해한 평화란 내면으로 몰입되어서 멍하게 지내는 것을 말한답니다. 고요하지만 밝게 빛나는 것이 신비로운 영성입니다. 그렇게 모든 곳에서 신비를 만나는 감수성을 키우는 것이 영성적인 삶이기도 하고요.

세상은 때때로 사납고 거칠고 싸워야 할 전쟁터 같기도 합니다. 하지만 우리가 잠시라도 그렇게 우리 자신에게 경험되어지는 세상에서 벗어나서 우리 안의 하나님께 돌아갈 수 있다면 우리는 내가 만나는 모든 이들 안에서 하나님의 창조되지 않은 에네르기아를 만날지 모릅니다. 이러한 것을 희망의 몸인 빛의 그물망이라고 해요. 우리들 모두는 이렇게 서로 연결되어 있다는 느낌이지요. 그때서야 네 이웃을 네 몸같이 사랑하라는 예수님의 말씀이 살아나는 순간일지 모릅니다.

나 자신으로부터 휴가 떠나기

이제 길게 여기까지 돌아왔습니다. 테오리아(하나님을 향한 관조)를 통한 테오시스(하나님께 나아가는 길)는 그리 어려운 길이 아니에요. 다만 이것을 열심히 하려 하는 것이 어렵게 만들 뿐이랍니다. 지금 당장 자기 자신으로부터 휴가를 내고 이 선한 세상에서 순한 삶을 살아 보는 것이 어떨까요?

결어

요즘 시대에는 '나'를 강조하는 경우가 많습니다. '자신대로 살아가기', '나를 찾는 여행', '나를 위한 휴식' 등등.. 많은 사람들이 사회 안에서 자신을 찾고 바르게 세우기를 원합니다. 저 또한 제 자신을 찾기 위해 끝없이 탐구하고 여행하고 공부를 해왔고요. 참으로 많은 시간을 들여서 공부를 위한 투자를 했으며, 나에 대해 알려 줄 선생님들을 찾아 배우고 수련하기를 원했어요.

결론부터 말하자면, 이것은 모두 우리 안의 하나님에 대한 부재와 공허감에서 오는 것임을 알게 되었습니다. 물론 아직 완전한 결론은 아니에요. 제가 인생이라는 탐구 여정에서 알게 된 작은 발견이라고 생각해 주세요. 하지만 이 발견으로 인해 제 삶은 한층 업그레이드되고 순하게 나아가게 되었답니다.

걸어

흔히 나를 찾아간다는 프로그램을 듣거나 어딘가 먼 곳으로 여행을 떠나거나 순례길에도 오르지만 일상으로 돌아오면 또다시 내가 없어진 것처럼 느껴졌었어요. 그렇지 않으면 아예 사회에서 떠나가 수행자로 살기를 결심하기도 합니다. 지금 이 책을 읽으시는 분들은 이 두 가지가 모두 자신에게 답을 주지 못한다는 것을 알 수 있으실 거예요. 저 또한 똑같은 시행착오를 겪은 부분이었고, 10년 전부터 끊임없이 답을 찾기 위해 헤매었던 부분이기도 했습니다.

이번 책의 제목은 나를 찾기가 아니라, 오히려 나 자신으로부터 휴가를 떠나기라고 했습니다. 아직 세상은 자신으로부터 휴가를 떠나라는 말보다 자신을 찾아서 더 강하게 나아가라는 메시지가 더 많은 것 같아요.

그리고 이것은 제 종교적 체험과도 연관이 있습니다. 이 책의 내용들이 저의 개인적인 종교적 체험을 완전히 배제하지 않았음에 대해서도 이미 아셨을 거예요. 저는 독실한 그리스도인으로 자라 그리스도교에 대한 배신감과 함께 분노하는 마음이 들었어요. 그래서 종교 자체에서 떠나기 위해 뉴에이지 영성을 찾아다녔어요. 그리고 한때는 과학이 하나님에 대해서도 설명해줄 것이라 생각한 적도 있고요. 그러나 독단적인 생각이 앞서서인지 그 무렵 신병을 겪으며 신내림을 받게 되었고, 불교 근처에도 안 가겠다던 제가 받은 신내림은 불교 가르침을 배경으로 한 신내림이었습니다. 그래서 순수한 무속보다는 불교적인 가르침을 더 많이 받게 되었지요.

하지만 불교에서도 답을 찾을 수 없었어요. 너무나 아름다운 말은 많은데 뜻을 오해하여 바르게 살아야 한다는 관념이 또다시 저를 구속했지요. 과연 저 자신이 경험했던 그리스도교와 뭐가 다를까 하는 고민의 연속이었습니다.

이렇게 답을 못 찾고 또다시 헤맬 때 유교를 깊게 공부하시고 기타 샤머니즘이나 무속 등에 대해서도 잘 알고 계시는 선생님을 만나 새롭게 공부를 하게 됩니다. 이 선생님을 통해 제 안에 뿌리 깊게 박힌 그리스도교적인 신앙을 버릴 수 없게 됨을 알게 되었고, 불교 또한 이 신앙에 근거해 이해할 수 있음을 알게 되었습니다.

지금은 종교적으로 어느 정도 자유롭게 이해하게 되었지만 신내림을 받고 큰 혼란에 휩싸였던 것은 제 믿음과 관념이 다른 관념을 받아들이지 못하는 데서 비롯됨을 알게 되었지요.

지금 현재 저는 무당입니다.

무당 연화라는 이름을 걸고 활발히 활동도 하고 있지요. 제 선생님들은 무속인들이 아니셨지만 저는 무당이 좋아서 퇴사를 한 이후부터는 숨기지 않고 주변 사람들에게 솔직하게 말을 하고 있습니다.

그렇기에 무속과 관계없어 보이는 이 책의 내용과 나 자신으로부터의 휴가라는 말이 어떤 상관관계가 있는지 갸우뚱하실 겁니다. 또한 강한 종교적 신념을 가진 분이 이 책을 보고 저자가 누군지를 알게 되신다면 비판적인 생각이 드실 수도 있을 거라 여겨요. 하지만 제가 이 책을 통해 전하고자 하는 건 종교에 대한 믿음이나 혹은 하나님에 대한 믿음을 강요하는 게 아닌 체험을 바탕으로 조금 더 삶이 순하게 나아가길 원하는 마음에서입니다. 그리고 그 방법 중 한 가지 길을 알려드리는 것이고요.

나 자신으로부터 휴가 떠나기

자신으로부터 휴가를 떠난다는 말이 무엇일까요?

결어

내가 투명 인간처럼 없어지는 걸까요? 아니면 유체이탈이라도 해서 몸만 남고 휙! 하고 날아가 버리는 걸까요? '내려놓음'이라는 말은 누구나 공감하고 좋아합니다. 그런데 명상을 하면서도 내려놓기는 힘들다고 많은 분들이 얘기를 합니다. 자신으로부터 휴가를 떠난다는 말은 내려놓기와 비슷하기도 하지만 그보다는 평온한 마음으로 안심을 하고 하나님의 사랑을 받아들인다는 얘기입니다.

최근 전 한 기업체의 대표가 되었습니다. 사업가가 꿈이었지만 그들의 화려한 모습과 내 마음대로 결정할 수 있는 권리만 보았을 뿐이었습니다. 하지만 규모에 관계없이 대표라는 타이틀은 굉장히 무겁고 힘겨운 직책임을 알게 되었습니다. 혼자서 모든 것들을 결정하고 또 책임을 져야 하는 현대인들은 아마도 저와 같은 무게에 짓눌려 있을 것이라 여깁니다. 그리고 우리 모두는 단 한 번의 실수도 용납하지 않는 사회의 분위기에 압도되어 강박 관념 또한 가지고 있을지도 모르고요.

또한 저는 아버지께서 일찍 돌아가셨지만 어릴 적에 아버지께서 제게 무한한 믿음을 주셨습니다. 제겐 마치 알라딘의 마법 램프 같았지요. 아버지께서는 제가 커서 늘 훌륭한 일을 해낼 장군감이라고 자랑을 하셨다고 합니다. 그리고 피아노 학원에 다니면 그 시기에 비쌌던 피아노를 선물해 주셨고 배우고 싶은 모든 것들을 배우도록 지원을 아끼지 않으셨습니다.

나 자신으로부터 휴가 떠나기

그리고 아버지께서 돌아가시고 재정적으로 어려워졌지만 어머니 또한 힘이 닿는 데까지 제가 하고 싶은 것들을 배울 수 있도록 해주셨습니다. 그러나 아버지가 돌아가신 빈자리 속에서 여러 풍파를 겪으며 저는 사람들을 경계하고 이유 없는 미움도 조금씩 마음속에서 자라났지요. 게다가 그것은 바로 하나님을 향한 미움이었습니다. 그리고 착하게 살고 싶지만 이유 없이 내게 시비를 거는 사람, 순수한 마음으로 접근했지만 나를 이용만 하는 사람, 호랑이처럼 무섭지 않으면 세상이 날 치고 말 거라는 강한 신념이 자리 잡혀 맞지도 않는 갑옷을 여러 겹 걸쳐 입었지요. 지나고 보니 오히려 이 갑옷이 제겐 마귀이자 귀신들이었어요.

무당으로 내림굿을 받고도 한참을 이 마귀와 귀신들과 싸우기도 했습니다. 그런데 하나님께서는 제 싸움에 일절 관여를 하지 않으셨습니다. 저는 하나님이란 절대적으로 믿음이란 게 있어야만 도와주신다고 생각을 하며 제 환상 속의 악의 무리든 제 생활에서의 어려움이든 모두 혼자 해결하려고 했습니다.

한참의 시간이 흐른 후 하나님께 따지기 시작했습니다. 도대체 무엇을 하시는 것이며 이런 하나님이라면 제 맘대로 살도록 좀 내버려 두라고요. 때로는 하나님께서 소원을 말해보라고 하시기도 했는데 그럴 때 로또 당첨 같은 것보다 제 입에서 먼저 나오는 소망은 제발 그냥 이 세상에서 빨리 데려가 달라는 말뿐이었습니다. 늘 그렇게 죽음을 기도하기도 했었습니다.

하지만 제 맘대로 못살게 만드는 존재는 하나님이 아닌 바로 내 마음속의 마귀와 귀신들이었음을 한참 후에야 깨달았습니다. 제게 있어서 하나님은 너무나 무서운 존재이자 저 자신이 올바른 길을 갈 때만 기도를 들어주는 무서운 분으로 비춰졌기 때문이었지요. 바로 이것이 우리 안에 감추어진 마귀와 귀신들의 소리이자 내가 나답게 살지를 못하게 하는 고정 관념들입니다.

나 자신으로부터 휴가 떠나기

저는 아직도 하나님께서 제 기도를 들어주지 않는 것 같으면 하늘을 보며 큰 소리로 땡깡 기도를 할 때가 있습니다. 그래도 괜찮음을 잘 알고 있기에 하나님의 뜻보다 제 소망을 먼저 얘기합니다. 하나님께 어리광을 부리는 것이지요.

나 자신으로부터 휴가 떠나기

하나님 따위는 없다고 느껴 실망했던 어느 날에 5월의 봄바람처럼 설레는 바람이 제 곁을 스치고 지나갔습니다. 찬란한 빛이 아닌 간질거리며 기분을 좋게 하는 상쾌한 바람 같은 흐름이 저를 감싸고 돌았지요. 하나님께서 제 옆에서 늘 함께하심을 온몸으로 받아들인 날이었습니다.

제 기도는 늘 들어주셨고 하나님과 제 사이에 무한한 신뢰가 있었음을 감각적으로 알게 된 날이었습니다. 복잡하게 꽉 차 있던 마음에 여유가 생겼고 그 틈이 바람으로 채워지던 날 더 이상 나를 찾을 필요도, 올바른 길을 찾기 위해 노력할 필요도, 세상에서 강한 사람이 되기 위해 바꾸려는 노력을 할 필요도 없다는 것을 알게 되었습니다.

결어

나 자신으로부터 휴가 떠나기

흔히 말하는 마음의 빈자리는 외로움과 공허감이 아니라 하나님께서 자유롭게 오고 가는 평화로운 곳임을 느꼈지요. 그래서 세상과 싸울 필요도 없으며, 세상을 등지고 도망갈 필요도 없고, 외면을 할 필요도 없었습니다. 착한 사람이 되려는 노력도 멈추었고 성공을 하려는 노력도 멈추게 되었습니다.

물론 그렇다고 아무것도 안 하는 것은 아닙니다. 세상 속에서 제가 할 일은 충분히 해야 할 것이고 싸울 일이 있다면 싸우기도 하였지요. 다만 죄책감 대신 하나님께 기도하며 나아갔기에 모든 싸움은 용서로 화해로 끝맺음 되었습니다. 사람은 때론 싸우기도 하면서 듣기 싫은 말을 들어가면서 성장을 하는 것이니까요.

이것이 바로 제가 경험한 나 자신으로부터의 휴가였습니다.

일상의 무게감을 털어버리고 에메랄드색의 바다에 둥둥 떠서 찰랑거리는 잔잔한 파도 소리와 햇살을 맞이하듯 저는 큰일이던 작은 일이던 고민에 빠질 때면 잠시 나 자신으로부터 휴가를 떠납니다. 하나님의 보호 아래 평온한 하늘의 햇살과 바람을 맞이하며 놀이만 하고 있는 것이지요.

하지만 이것은 제 할 일을 버려두는 것은 아니에요. 일과 사람과 제 주변의 모든 생명과 무생명체까지 하나님의 사랑이 깃들기를 기다리는 것입니다. 그리고 이것이 최초로 선생님께 배운 호오포노포노의 지혜였고 어릴 적 아버지와 어머니의 무한한 사랑과 믿음처럼 하나님도 그러하다는 것을 알게 된 그리스도교의 지혜이기도 합니다.

저는 이렇게 많은 것을 경험하고 그리스도교로 돌아오고 있는 길에 있습니다. 그러나 아직 저는 교회를 다니지 않으며 무당임을 좋아하는 무당이고 무당으로서 곳곳에 숨겨진 신령들을 찾아 여행을 떠나기도 합니다. 또한 사찰에서는 가끔 스님들이 주시는 고요한 차의 매력에 빠지기도 하지요. 단지 내 생각 속에 하나님을 가두고 제 경험 속에서 한정 짓지 않으려 하는 것뿐이랍니다. 그리고 이렇게 지낼수록 제 삶은 평온하고 조용해지며 일상이 휴가가 되는 신기한 일들이 벌어집니다.

누군가가 이 세상에 하나님이 존재하냐고 묻는다면 전 아무런 주저함 없이 "YES!"라고 답을 할 것입니다. 그분은 사랑이고 평화이자 권위이며 세상의 이치이시기도 하십니다. 그리고 단 한 분이라도 이 책을 통해 자신 안의 소중한 하나님의 사랑과 삶의 기쁨을 찾으신다면 그것만으로도 저는 참으로 행복할 것 같습니다.

걸어

전구 기도
성인 리스트

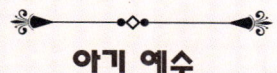
아기 예수

THE INFANT JESUS OF ATOCHA
(아토챠의 아기 예수)

축일 : 12월 25일

기도 : 병의 회복, 소송의 회피, 소송 연기, 안 좋은 상황에서의 도움

THE INFANT JESUS OF PRAGUE
(프라하의 아기 예수)

축일 : 12월 25일

기도 : 건강, 수술 등에 대한 문제, 인도, 지혜

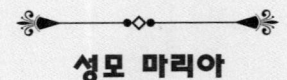
성모 마리아

OUR LADY OF CHARITY
(자선의 성모 마리아)

축일 : 9월 8일

기도 : 집과 가족의 보호, 돈과 번영, 사랑의 귀환, 새로운 사랑

OUR LADY OF FATIMA
(파티마의 성모 마리아)

축일 : 5월 13일

기도 : 악으로부터의 보호, 묶여있는 상황으로부터의 자유, 악령이나 적의 분노로부터의 보호

OUR LADY OF GRACE
(은혜로운 성모 마리아)

축일 : 1월 21일

기도 : 타인의 분노를 진정, 결혼에의 충실, 사랑 찾기

OUR LADY OF GUADELUPE
(과들로프의 성모 마리아)

축일 : 12월 12일

기도 : 평화, 질병, 그 달의 행운, 모든 상황에서의 도움

OUR LADY HELP OF CHRISTIANS
(기독교인을 돕는 성모 마리아)

축일 : 8월 1일

기도 : 질병, 어려움의 극복, 전쟁 중

OUR LADY OF HOPE
(희망의 성모 마리아)

축일 : 8월 1일

기도 : 평화, 적의 괴롭힘 중단, 전쟁시 보호

OUR LADY OF THE IMMACULATE CONCEPTION
(순결한 성모 마리아)

축일 : 12월 8일

기도 : 질병, 건강, 출산

OUR LADY OF LORETTO
(로레토의 성모 마리아)

축일 : 12월 10일

기도 : 거주지를 찾을 때, 항공여행 할 때의 보호, 가정의 평화

OUR LADY OF LOURDES
(루르드의 성모 마리아)

축일 : 2월 11일

기도: 질병, 건강 회복, 특별한 요청

OUR LADY OF MERCY
(자비의 성모 마리아)

축일 : 9월 24일

기도 : 평화, 건강, 정의, 출옥

OUR LADY OF THE MIRACULOUS MEDAL
(기적의 성패의 성모 마리아)

축일 : 11월 27일

기도 : 건강 회복, 나쁜 습관 제거, 오토바이 운전자의 보호, 위험 방지, 축복

OUR LADY OF MOUNT CARMEL/DEL CARMEN
(카르멜 산/델 카르멜의 성모 마리아)

축일 : 7월 16일

기도 : 사고나 갑작스런 죽음으로부터의 보호

OUR LADY OF PERPETUAL HELP
(영원한 도움의 성모 마리아)

축일 : 3월 7일

기도 : 어린이 보호, 특별한 요청

OUR LADY OF PROMPT SUCCOR
(신속한 구원의 성모 마리아)

축일 : 8월 1일

기도 : 질병, 전염병, 빠른 변화 가져오기, 가난한 사람들을 위한 도움

OUR LADY OF REGLA
(레글라의 성모 마리아)

축일 : 9월 7일

기도 : 어린 아이들의 보호, 금전 문제, 출산, 건강

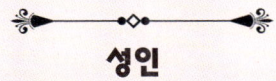

성인

SAINT AGNES
(성 아그네스)

축일 : 1월 21일

기도 : 충실한 결혼생활, 딱 맞는 짝 찾기, 관계의 진정성

SAINT ALEX/SAINT ALEXIS/SAN ALEJO
(성 알렉스/알렉시스/알레호)

축일 : 7월 17일

기도 : 적을 멀리하기, 나를 해치려는 적으로부터의 보호

SAINT ANN/ANNE/ANA
(성 앤/안느/아나)

축일 : 7월 26일

기도 : 벙어리와 장님을 위한 도움, 특별한 요청

SAINT ANTHONY OF PADUA
(파두아의 성 안토니)

축일 : 6월 13일

기도 : 기억력 개선, 결혼이나 연인 문제, 길 잃은 연인 다시 데려오기, 잃어버린 기사 찾기, 재정적인 문제 극복

SAINT ALOYSIUS
(성 알로이시우스)

축일 : 6월 21일

기도 : 열병, 전염병, 역병, 분쟁 해결

SAINT ALPHONSUS LIGUORI
(성 알폰수스 리구오리)

축일 : 8월 1일

기도 : 류마티스 질병, 관절염, 통풍, 관절과 근육에 영향을 주는 질병, 골관절염

SAINT BARBARA
(성 바바라)

축일 : 12월 4일

기도 : 악을 몰아내기, 여성 보호, 사랑 문제, 시어머니가 결혼생활을 깨려고 할 때, 도박 운, 폭풍우로부터의 보호, 장애 제거, 타인의 출옥을 도움

SAINT BARTHOLOMEW
(성 바르톨로뮤)

축일 : 8월 24일

기도 : 진실을 배움에 있어서의 도움, 수술 받을 때, 폭력과 폭력적인 죽음으로부터의 보호

SAINT BENEDICT
(성 베네딕트)

축일 : 7월 11일

기도 : 전염병으로부터의 보호, 신앙심 증가, 악의 유혹으로부터 벗어남, 열병, 신장 질환, 독, 사업 번영, 안전한 출산, 아픈 동물 치유, 사망 당시의 도움, 육지나 바다로부터의 위험, 폭풍우의 위험

SAINT BLAISE/BLAS
(성 블레이즈/블라스)

축일 : 2월 3일

기도 : 인간과 동물의 질병, 인후 감염, 다른 사람들과의 소통의 길 열기

SAINT BRIGID (BRIDE) OF KILDARE
(킬다레의 성 브리지드)

축일 : 2월 1일

기도 : 출산, 화재로부터의 보호, 사랑, 가정, 치유, 의사, 영감, 학습, 시, 예언, 대장간, 농업, 축산업

SAINT CATHERINE OF ALEXANDRIA
(알렉산드리아의 성 캐서린)

축일 : 11월 25일

기도 : 치유와 건강, 행복한 죽음, 운 좋은 출생, 다산, 아름다움, 여성성, 사랑, 질투, 비전과 꿈, 대중 연설

SAINT CECILIA
(성 세실리아)

축일 : 11월 22일

기도 : 지휘자, 음악가, 시인, 가수와 보컬리스트의 직업을 가진 자들의 성공

SAINT CHRISTOPHER
(성 크리스토퍼)

축일 : 7월 25일

기도 : 임종시 회개하지 않음, 사고로부터의 보호, 폭풍우, 우박, 전염병 치료, 안전 여행, 갑작스런 죽음

SAINT CIPRIANO
(성 시프리아노)

축일 : 10월 9일

기도 : 여행할 때, 해악과 나쁜 말들로부터의 도움, 감옥에 있을 때, 노숙자, 천둥번개, 불, 지진으로부터의 보호, 거짓말쟁이와 사기꾼들로부터의 보호, 나쁜 이웃들의 괴롭힘으로부터의 보호

SAINT CLARE OF ASSISI
(아시시의 성 클레어)

축일 : 8월 11일

기도 : 육체와 영혼의 악으로부터의 보호, 약물이나 술 문제 극복, 어려움에 대한 도움, 이해의 발전

SAINTS COSMAS AND DAMIAN
(성 코스마스와 다미안)

축일 : 9월 27일

기도 : 건강 문제, 질병, 정확한 진단과 약물, 장애물, 나를 위해 싸움

SAINT DYMPHNA
(성 딤프나)

축일 : 5월 15일

기도 : 정신 질환, 간질, 광기, 악마에 대한 집착, 신경 장애, 가족의 조화

SAINT EXPEDITE
(성 엑스페디트)

축일 : 4월 19일

기도 : 분쟁 해결, 적에게 죽음을 저주, 빠른 상황 변화를 위한 압박하기

SAINT FLORIAN
(성 플로리안)

축일 : 5월 4일

기도: 집 화재 보호, 비상시 도움, 위험에 처했을 때 보호

SAINT FRANCIS OF ASSISI
(아시시의 성 프랜시스)

축일 : 10월 4일

기도 : 영적 지혜을 얻음, 문제 해결, 생태와 보존의 문제, 악마의 음모를 탐지, 평화, 더 나은 이해

SAINT FRANCIS XAVIER CABRINI
(성 프랜시스 자비에 카브리니)

축일 : 11월 13일

기도 : 가난한 사람들을 위한 도움, 다른 지역이나 도시로 이주한 후 적응, 건강, 교육

SAINT GEORGE
(성 조지)

축일 : 4월 23일

기도 : 두려움 정복, 용기, 질투 극복, 정신지체, 습진, 건조한 피부, 상처

SAINT GERARD MAJELLA
(성 제라드 마젤라)

축일 : 10월 16일

기도 : 임신, 어린 자녀를 둔 어머니들, 거짓으로 비난받을 때, 황홀경, 예언, 영매술, 치유, 양심을 읽는 능력, 진실을 보는 능력

SAINT HELEN OF JERUSALEM
(예루살렘의 성 헬렌)

축일 : 8월 18일

기도 : 사랑을 얻음, 길 잃은 연인의 귀환, 슬픔의 극복

SAINT IGNATIUS OF LOYOLA
(로욜라의 성 이그나티우스)

축일 : 7월 31일

기도 : 강도와 악령으로부터 집 보호, 영적인 발전

SAINT JAMES THE GREATER
(위대한 성 야고보)

축일 : 7월 25일

기도 : 적을 정복, 앞길에 놓인 장애물 제거, 정의

SAINT JOACHIM
(성 조아힘)

축일 : 7월 26일

기도 : 충실한 남편

SAINT JOAN OF ARC
(성 잔다르크)

축일 : 5월 30일

기도 : 정신적 힘, 용기, 적을 극복, 구속된 상황으로부터의 자유

SAINT JOHN THE BAPTIST
(세례자 성 요한)

축일 : 6월 24일

기도 : 행운, 풍요, 좋은 작물, 적으로부터의 보호

SAINT JOHN BOSCO
(성 존 보스코)

축일 : 1월 31일

기도 : 아이들이나 학생들과의 문제, 호의, 시간

SAINT JOSEPH
(성 요셉)

축일 : 3월 19일

기도 : 보호, 행복한 죽음, 집 판매, 의심과 망설임, 부부, 구직, 기근을 끝내기

SAINT JOSEPH THE WORKER
(노동자 성 요셉)

축일 : 5월 1일

기도 : 보호, 행복한 죽음, 집 판매, 의심과 망설임, 부부, 구직, 기근을 끝내기

SAINT JUDE
(성 유다)

축일 : 10월 28일

기도 : 누군가 마약을 끊는 것을 도움, 누군가의 출옥을 도움, 가망이 없거나 불가능한 케이스

SAINT LAWRENCE
(성 로렌스)

축일 : 8월 10일

기도 : 집과 가정의 평화, 재정적 도움, 믿음

SAINT LAZARUS
(성 나사로)

축일 : 12일 17일

기도 : 질병, 다리 질환, 약물 중독의 문제, 건강 유지, 번영

SAINT LOUIS BERTRAND/LOUIS BELTRAN
(성 루이스 베르트란드/루이스 벨트란)

축일 : 10월 9일

기도 : 악으로부터의 보호, 언어 배우기, 사고, 질병, 악으로부터의 피해, 아이들에게서 악의 눈 제거

SAINT LUCY
(성 루시)

축일 : 12월 13일

기도 : 삶에 좌절하거나 벽에 부딪쳤을 때, 유혹 극복, 눈 문제, 악의 눈으로부터 보호, 법적 문제 피하기, 사건 해결을 위한 변호사 압박

SAINT MARIA GORETTI
(성 마리아 고레티)

축일 : 7월 6일

기도 : 출산, 학대로부터의 도움, 사형 면제

SAINT MARTIN DE PORRES
(성 마르틴 데 포레스)

축일 : 11월 3일

기도 : 재정적 도움, 건강 조화로움

SAINT MARTIN OF TOURS/MARTIN CABALLERO
(여행의 성 마르틴/마르틴 카발레로)

축일 : 11월 11일

기도 : 사업장으로 손님 끌어오기, 돈, 행운, 번영, 악의 길을 차단, 적으로부터 보호, 악의 영향으로부터 누군가를 구하기

SAINT MARTHA
(성 마사)

축일 : 7월 29일

기도 : 돈 문제, 나에게 저항하는 연인을 가까이 데려오기, 남편이나 남자친구의 충실도 지키기, 새로운 사랑, 적을 정복하고 제압

SAINT PATRICK
(성 패트릭)

축일 : 3월 17일

기도 : 번영, 행운, 영적 지혜, 인도, 뱀에 물리는 것으로부터의 보호

SAINT PAUL
(성 바오로)

축일 : 6월 29일

기도 : 용기, 반대 극복, 인내심, 어수선한 집의 안정

SAINT PEREGRINE
(성 페데그린)

축일 : 5월 1일이나 2일

기도 : 암과 관련된 건강 문제

SAINT PETER
(성 베드로)

축일 : 6월 29일

기도 : 상처 용서, 행운, 힘과 용기, 장애물 제거, 사업 발전, 성공

SAINT PHILOMENA
(성 필로메나)

축일 : 8월 11일

기도 : 사제와 그들의 일, 잘못한 사람들의 개종, 성례전으로 돌아감, 임신한 어머니들, 빈곤한 어머니들, 자녀 문제, 가정에서의 불행, 정신 질환, 가난한 이들을 위한 음식, 돈 문제, 부동산, 병든 사람들, 불임

SAINT PIUS THE TENTH
(열번째 성 피우스)

축일 : 8월 21일

기도 : 권위있는 사람들에게서 받은 호의

SAINT RAYMOND NONNATUS
(성 레이몬드 논나투스)

축일 : 8월 31일

기도 : 가십 중단, 거짓으로 비난을 받을 때, 가정의 축복, 태아 보호

SAINT RITA OF CASCIA
(카시아의 성 리타)

축일 : 5월 22일

기도 : 외로움 완화, 인내심, 악으로부터의 구원, 영적 힘, 학대 관계에서의 상처 치유, 종양

SAINT ROCH/ROQUE/ROCK
(성 로치/로크/록)

축일 : 8월 16일

기도 : 건강 회복, 전염병이나 황열병 시

SAINT SEBASTIAN
(성 세바스찬)

축일 : 1월 20일

기도 : 정의, 재판, 라이벌 극복, 성공, 행운, 장애물 제거

SAINT THERESE OF LISIEUX
(리지외의 성 테제즈)

축일 : 10월 1일

기도 : 술과 마약중독 문제, 모든이에게 사랑받기, 역적 성장, 신앙 회복, 결핵에 걸린 경우, 블랙매직을 행하는 적으로부터의 보호

SAINT THOMAS AQUINAS
(성 토마스 아퀴나스)

축일 : 1월 28일

기도 : 이해, 기억력 증진, 학교 시험 통과

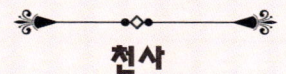

천사

GUARDIAN ANGEL
(수호천사)

축일 : 월요일

기도 : 아이들 보호, 어려운 시기에 영적인 힘을 얻음, 일상에서의 인도, 악의 눈으로부터 보호

SAINT MICHAEL THE ARCHANGEL
(성 미카엘 대천사)

축일 : 9월 29일

기도 : 악과 해로부터의 보호, 적으로부터 인도, 전투에서의 승리, 가정과 사업 보호, 경찰의 괴롭힘으로부터의 보호

SAINT RAPHAEL THE ARCHANGEL
(성 라파엘 대천사)

축일 : 9월 29일

기도 : 안전한 여행, 연인과의 재결합, 피부질환 개선, 악령 제거, 빙의로부터 보호

나 자신으로부터 휴가 떠나기

전구 기도 성인 리스트

내가 너와 함께 있어
네가 어디로 가든지 너를 지키며
너를 이끌어 이 땅으로 돌아오게 할지라
내가 네게 허락한 것을 다 이루기까지
너를 떠나지 아니하리라 하신지라

- 창세기 28장 15절

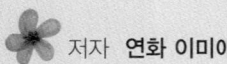 저자 **연화 이미애**

저서로는 [공주님의 우아한 기 살리기], [그림으로 배우는 호오포노포노], [그림으로 배우는 마나힐링], [매력적인 사람이 되는 마음챙김] 등이 있다.

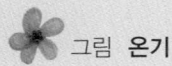 그림 **온기**

다크아트 출판사의 [매력적인 사람이 되는 마음챙김 테크닉], 현묘 출판사의 [블랙캣 레이키]의 삽화 담당
스타일라이프의 [문 좀 열어줘] 웹드라마 스토리보드 제작